El Arte
DE SER
Mujer

El Arte

DE SER

Mujer

MAGALI FONT

✦ EDITORIAL BETANIA

© *1993 Magali Font*
Publicado por:
EDITORIAL BETANIA, INC.
9200 S. Dadeland Blvd., Suite 209
Miami, FL 33156

ISBN: 0-88113-215-2

Impreso en E.E.U.U.

Printed in U.S.A.

Para Mi Queria hija
Ruth Pamar.

Dedico ese hermoso libro
Como un recuerdo de su
mamá sue Diós la
Bendiga mucho y se gose
al leerlo, y lo aprobeche **Dedicatoria**

A todas aquellas valientes que luchan por ser esposas, madres y mujeres realizadas en todo sentido,
dando lo mejor... Sobre todo a mi madre, Noemí
Negrón, quien ha sido una bendición en mi vida y
en la de mis hijos.

9351 Geinford st
Dacuny Calif 90241
Libreria de mostin Garcia
5/8/95   tele) 213) 861-2061

Contenido

Introducción

En mi diario vivir y en especial en mi labor como esposa de un ministro, he podido ver cómo la mujer ha sido vejada por muchos años. A la vez he comprendido que el sistema del mundo en relación con la mujer la ha obligado a tomar una postura equivocada.

En muchos casos, para defenderse, ha luchado por demostrarle a la sociedad cuán valiosa es, y le exige al mundo que la respete y la admire. Lamentablemente muchas de forma desenfrenada tratan de superar al hombre y en esta lucha han perdido el sentido correcto y el balance en esta batalla sicológica.

Encontramos a la mujer llamada por sí misma «liberada», la cual le reclama al hombre un trato igual, y a su vez no le da a éste lo que él como hombre espera de ella por ser mujer.

Yo le doy gloria a Dios porque el precursor del famoso concepto de «liberación femenina» fue Jesús. Pero me apenan los caminos y direcciones tomadas debido a una mala interpretación y aplicación de estos grandes y valiosos legados con relación a la mujer y a sus valores en la sociedad. Si era incorrecto que la generación pasada enfatizara que la única satisfacción de la mujer era el matrimonio y la maternidad, no es más correcto que nuestra generación insista en que la única forma de realizarse es detrás de una profesión, negocio o máquina de escribir.

Conseguir un balance entre los dos extremos no es cosa fácil. Pero creo que cada una por ser responsable ante Dios, la sociedad, y debido a su inigualable valor e influencia en lo que a los hijos se refiere, debe procurar ser sabia, como dijo Salomón:

Mujer virtuosa, ¿quién la hallará?
Porque su estima sobrepasa largamente a la de las
piedras preciosas.

Proverbios 31.10

Abre su boca con sabiduría,
Y la ley de clemencia está en su lengua.
Considera los caminos de su casa,
Y no come el pan de balde.

Proverbios 31.26,27

Como una opinión muy personal te diré que para mí es la mujer cristiana (que ha confesado a Jesús como Señor y Salvador) con la ayuda del Espíritu

Santo, la que tiene la capacidad y herramientas necesarias para triunfar en todas las áreas de su vida. Espiritualmente, puede estar victoriosa, en su familia al alcanzar el triunfo deseado con sus hijos y su esposo. Igualmente ante la sociedad puede ser respetada y alabada y además en su profesión o negocio se sentirá realizada. Es importante aclarar que debe luchar en el orden mencionado por alcanzar el éxito.

1. Espiritual
2. Familiar
3. Social
4. Profesional

No se equivocó Pablo cuando dijo en Filipenses 4.13: «Todo lo puedo en Cristo que me fortalece». Por eso el título del libro está correcto, pues es:

«*El arte de ser mujer*»

Capítulo 1

Mujer, creación especial

Hay algunas cosas en la vida a las cuales estás acostumbrada, pero en un momento específico cobran valor y te hacen llegar un mensaje especial.

En una ocasión mi esposo y yo viajábamos a Vancouver, Canadá. Allí visitamos un parque en el cual pude ver la más extensa variedad de flores vistas en mi vida. Había rosas, claveles, margaritas y otras tantas clases de flores, las cuales no conocía, pero podía apreciar su color, belleza o su exquisita fragancia. El colorido de aquel lugar era tal que se hacía difícil irse sin lamentar el hecho de no poder comprar un área de terreno y hacer una casa para tener aquel paisaje siempre al alcance de uno.

Fue en ese momento que pensé en el Creador de esa belleza, y tuve de Dios una nueva imagen. Pude ver que tenía un gusto exquisito para crear; es el más grande Arquitecto, Ingeniero, Decorador, Pintor, etc.

Aquella variedad de colores me demostró que Dios no es amante de la monotonía, sino que Él es el Diseñador e Inventor más prolífico. Esto trajo a mi memoria a muchos predicadores que yo les llamo «fémino-maniáticos». Estos no dejan ni por un momento de insultar, regañar o menospreciar a la mujer. En cada mensaje le recuerdan a la mujer que por su causa el hombre pecó y la raza humana está como está por su debilidad. No conformes con eso, les recuerdan el famoso verso: «Mujeres, estad sujetas a sus maridos», como quien lanza un pastel al rostro con toda la fuerza y furia posibles. Y, ¿qué más te puedo decir, cuando se levantan por el lado al revés de la cama, o pelearon quizás con su esposa durante el día? ¡Pobres las que están sentadas en los bancos como oidoras! Esa noche el sermón va en contra de las pinturas, prendas, ropa costosa, y lo más grande es que hacen énfasis diciendo: «Dios me dijo que dijera esto». Realmente compadezco a las esposas e hijas de esos predicadores. Los comparo con Dios y veo cuán lejos están de conocerlo. Dios, nuestro Hacedor, creó tantas cosas hermosas, y la más hermosa de ellas fuimos nosotras las mujeres. ¿Por qué digo esto? Porque cada acto de creación era una superación, y lo último que Dios hizo fue a la mujer. En el libro de Génesis 2.7 leemos:

*Entonces Jehová Dios formó al hombre del polvo
de la tierra, y sopló en su nariz aliento de vida, y
fue el hombre un ser viviente.*

La palabra «formó» en el hebreo original es *yatsar.*
Esta significa, «formar como un alfarero»; apretar en
un molde para dar forma.

Fue hermoso para mí descubrir que Dios tuvo un
especial cuidado cuando hizo a la mujer. En el capítulo 2, versículo 22 dice la Biblia:

*Y de la costilla que Jehová Dios tomó del
hombre, hizo una mujer, y la trajo al hombre.*

La palabra «hizo» en hebreo es *banah* y significa
«formar con habilidad, en forma diestra y con mucho cuidado».

¿Te imaginas? Para crear al hombre Dios lo apretó
en un molde y a nosotros nos formó con mucho
cuidado. Las flores en Canadá y estos versos en mi
Biblia me permitieron ver a Dios como un Creador
de cosas maravillosas y exquisitas. La mujer es para
Él un ser especial. Por eso somos tan variadas en
color, estatura, peso, cultura, pero una cosa sí des-
cubrí: por dentro todas somos hechas de la misma
forma, con mucho cuidado, y a la imagen de Dios.
Dentro de esa uniformidad nuestro Creador depositó talentos y virtudes tan especiales que nos hacen
diferentes. En la Biblia tenemos muchos casos, uno
de ellos es Ana. ¡Maravilloso! Cuando leemos en
1 Samuel 1.27:

*Por este niño oraba, y Jehová me dio lo que le
pedí.*

Ella confiaba en su Dios; la respuesta no se hizo
esperar. Con su autoridad y sencillez de corazón le
pudo decir al sacerdote: «No soy una impía». Se me
ocurre comparar a Sara con Ana y veo una gran
diferencia. La primera altiva y hasta incrédula se rió,
dudando de lo que Dios decía, instó a su marido a
tomar a la sirvienta. Te aseguro que yo jamás haría
algo así. Una vez más puedo ver el amor de Dios en
acción, en Génesis 17.15:

*Dijo también Dios a Abraham: A Sarai tu
mujer no la llamarás Sarai, mas Sara será su
nombre.*

Sarai significa «contenciosa». Al cambiar su nombre a Sara, Dios la llamó «princesa de belleza».
Puedes por un momento pensar cuán hermoso es
cuando nuestro esposo o novio nos dice algo hermoso; nuestro ego se levanta, y uno se siente la mujer
más feliz, por lo menos en esos momentos. Si Dios
te halagara como lo hizo con Sara, estoy segura que
se lo dirías a cada persona que te encontraras en tu
camino. O si te dijera como a María: «¡Bienaventurada entre las mujeres!», y le encomendó la más
hermosa labor que se le puede dar a una mujer, «ser
la madre del Salvador del mundo». En Lucas 1.30
dice:

*Entonces el ángel le dijo: María, no temas,
~~que~~ has hallado gracia delante de Dios.*

¿Cuál es el más grande problema de la mujer de hoy? El de las cristianas en las iglesias es mirar la Biblia y las mujeres que nos presentan como perfectas y tan fuera de lo común. Ante nuestros ojos parece inalcanzable que Dios pueda hacer con nosotras lo mismo que con esas grandes heroínas bíblicas. Tengo buenas noticias: eran tan humanas como nosotras, y mejor aún, la Palabra dice seis (6) veces que Dios no hace acepción de persona.

Porque Jehová vuestro Dios es Dios de dioses, y Señor de señores, Dios grande, poderoso y temible que no hace acepción de personas, ni toma cohecho.

Deuteronomio 10.17

Entonces Pedro, abriendo la boca, dijo: En verdad comprendo que Dios no hace acepción de personas.

Hechos 10.34

Porque no hay acepción de personas para con Dios.

Romanos 2.11

Pero de los que tenían reputación de ser algo (lo que hayan sido en otro tiempo nada importa; Dios no hace acepción de personas).

Gálatas 2.6

Y vosotros, amos, haced con ellos lo mismo, dejando las amenazas, sabiendo que el Señor de ellos y vuestro está en los cielos, y que para Él no hay acepción de personas.

Efesios 6.9

Mas el que hace injusticia, recibirá la injusticia que hiciere, porque no hay acepción de personas.

Colosenses 3.25

Alaba a Dios porque ante sus ojos, ellas, tú y yo somos iguales, ¡Aleluya! ¿Te parece esto maravilloso? Viene a mi mente la famosa Débora, ¡Dios mío! En este tiempo cuán criticada sería no sólo por muchos pastores y evangelistas. Te aseguro que los políticos tratarían de aplastarla. Ella tomó la gran responsabilidad de gobernar su nación. Mi abuelo diría: «Esa mujer tiene la saya bien amarrada en la cintura». Para dirigir una nación hay que tener un carácter firme, con mucha entereza. No puede ser como muchas que si se dañó la lavadora y el niño tiene fiebre, corren a la farmacia a comprar pastillas para los nervios. Barac le dijo a Débora:

Si tú fueres conmigo, yo iré; pero si no fueres conmigo, no iré.

Jueces 4.8

La respuesta de ella hace sentir a cualquiera como la «mujer maravilla».

*Ella dijo: Iré contigo; mas no será tuya la gloria
¹ª jornada que emprendes, porque en mano de*

mujer venderá Jehová a Sísara. Y levantándose
Débora, fue con Barac a Cedes.

Jueces 4.9

Cada una de las antes mencionadas tenían línea directa con Dios y no puedo dejar de mencionar a Ester. Sin ella Israel hubiera perecido, no quedaría ni sombras. En estos días nos corresponde a ti y a mí tomar el lugar que nos dio Dios: ser compañera idónea y ser a la vez una «profetisa» llena del Espíritu Santo. Podemos tener línea directa en comunicación con Dios. Esto no nos hace superiores, pero sí nos ayuda a tener la visión interior correcta. Creo que Dios está esperando por nosotras.

SÉ GRANDE

Sé lo suficientemente grande como para vivir la
    vida que Dios te dio,
sin que te alcancen el egoísmo mezquino y la
    avaricia;
mantente libre de costumbres tontas que te
    esclavizan,
sé lo suficientemente grande como para afrontar
    tu mayor necesidad.

Sé lo suficientemente grande como para decir la
    verdad... y vivirla;
mantén tus ideales aun cuando los cielos se
    vengan abajo;
no esperes que te den cuartel, pero apresúrate a
    darlo tú;
sé lo suficientemente grande como para atender al
    llamado más humilde.

Sé lo suficientemente grande como para sonreír,
cuando a tu alrededor, tu propio mundo yace
    desmoronado en el polvo;
ten coraje para seguir luchando cuando tus
    amigos dudan de ti,
sé lo suficientemente grande como para mantener
    la fe y la confianza.

Sé lo suficientemente grande como para que los
    años que se suceden,
o te encuentren lamentando los que han pasado

elimina prontamente los prejuicios que te atan,
sé lo suficientemente grande como para mantener
   abierta la mente.

Sé lo suficientemente grande como para decir:
   «Estaba equivocada»;
sé lenta para ofenderte, pronta para perdonar;
haz que la misericordia, la justicia, el amor,
   en tu corazón despierten,
sé lo suficientemente grande y amable como para
   vivir.

Autor anónimo

Capítulo 2

Pablo y la mujer

Pero yo no dije eso. ¿Cómo es posible que interpreten en forma tan absurda mis enseñanzas?

Esa sería la exclamación del apóstol Pablo si pudiera resucitar en este siglo XX. Sus escritos han sido de muchas maneras predicados y expuestos desde los púlpitos, a tal grado, que en algunas congregaciones las mujeres son consideradas un cero a la izquierda.

Leemos en 1 Corintios 11.1-16:

Atavío de las mujeres

Sed imitadores de mí, así como yo de Cristo.

Os alabo, hermanos, porque en todo os acordáis de mí, y retenéis las instrucciones tal como os las entregué. Pero quiero que sepáis que Cristo es la cabeza de todo varón, y el varón es la cabeza de la mujer, y Dios la cabeza de Cristo. Todo varón que ora o profetiza con la cabeza cubierta, afrenta su cabeza.

Pero toda mujer que ora o profetiza con la cabeza descubierta, afrenta su cabeza; porque lo mismo es que si se hubiese rapado. Porque si la mujer no se cubre, que se corte también el cabello; y si le es vergonzoso a la mujer cortarse el cabello o raparse, que se cubra.

Porque el varón no debe cubrirse la cabeza, pues él es imagen y gloria de Dios; pero la mujer es gloria del varón. Porque el varón no procede de la mujer, sino la mujer del varón, y tampoco el varón fue creado por causa de la mujer, sino la mujer por causa del varón. Por lo cual, la mujer debe tener señal de autoridad sobre su cabeza, por causa de los ángeles.

Pero en el Señor, ni el varón es sin la mujer, ni la mujer sin el varón; porque así como la mujer procede del varón, también el varón nace de la mujer; pero todo procede de Dios.

Juzgad vosotros mismos: ¿Es propio que la ~~~er ore a Dios sin cubrirse la cabeza? La~~~ ~~~za misma ¿no os enseña que al varón le es~~~

*deshonroso dejarse crecer el cabello? Por el
contrario, a la mujer dejarse crecer el cabello le es
honroso; porque en lugar de velo le es dado el
cabello.*

   *Con todo eso, si alguno quiere ser contencioso,
nosotros no tenemos tal costumbre, ni las iglesias
de Dios.*

Es uno de los capítulos favoritos, utilizados para
oprimir a la mujer con dogmas y mandamientos de
hombres. Antes que todo debemos entender que ese
título «Atavío de las mujeres» escrito en letras ne-
gras, está diseñado por los traductores para facili-
tarnos la memorización de la Palabra de Dios, pero
en los originales griegos eso no existe. Tienen que
estar presentes en nuestras mentes las costumbres,
idioma, cultura de aquellos a quienes el apóstol les
escribe. Para los judíos la mujer era una propiedad,
no tenía derechos, ni autoridad aun sobre su propio
cuerpo. Era costumbre de aquellos tiempos, por
causa de la idiosincrasia del hombre hebreo, que la
mujer se dejara crecer el cabello y además se cubrie-
ra el rostro con un velo. Esto por causa de la poca
revelación que el hombre tenía con respecto a la
mujer.

Fíjate en el versículo 11, donde Pablo aclara: «Pero
en *el Señor*[...]» (hasta el verso 10 sólo estaba men-
cionando las costumbres) la mujer y el varón es lo
mismo», y sigue diciendo: «Juzgad vosotros mismos[...]», para luego concluir: «[...] nosotros no tenemos tal costumbre, ni las iglesias de Dios». En

otras palabras, al venir Jesucristo, las costumbres judías no eran observadas por las iglesias a las que los apóstoles les escriben.

Los predicadores de hoy quieren someter a las mujeres a tales ritos y sobre todo,insisten en decirles que cortarse el cabello es pecado. Yo digo como Pablo: «Juzgad vosotras mismas».

Surge en mi pensamiento el caso de la mujer sorprendida en adulterio. ¡Qué fácil era traerla a Jesús y dejar libre al hombre! Dijeron: «Ella es mala, una adúltera». Pero, ¿y el hombre?, ¿era santo, bueno y puro? Gloria a Dios por Jesús, que dijo: «[...] El que de vosotros esté sin pecado sea el primero en arrojar la piedra contra ella» (Juan 8.7).

Es importante interpretar bien las Escrituras: ¿A quién se escribe? ¿Qué época? ¿Por qué? Es cierto que toda Escritura es útil para enseñar:

> *Toda la Escritura es inspirada por Dios, y útil para enseñar, para redargüir, para corregir, para instruir en justicia.*
>
> 2 Timoteo 3.16

Pero busquemos bien qué nos enseña y por qué.

Otro capítulo mal interpretado ha sido 1 Timoteo 2; Pablo le escribe a este joven pastor para instruirle en cómo dirigir la iglesia de Éfeso.

Volvamos a las costumbres. Los judíos no permitían a la mujer enseñar y ni siquiera entrar al mismo lugar de adoración que ellos utilizaban. Según los historiadores, en el tiempo del Nuevo Testamento había un lugar llamado «el atrio de las mujeres» y no se les permitía entrar en el patio interior.

Al contrario de estas, las griegas tenían en Éfeso un templo dedicado a la diosa Diana. El culto era basado en orgías, en las cuales las mujeres servían de objeto sexual y luego trabajaban como prostitutas. En Corinto estaba la diosa Afrodita, y en su templo, ubicado en una montaña llamada Acrópolis, había más o menos mil sacerdotisas que bajaban al pueblo para la misma labor.

Durante el ministerio de Jesús conocemos varias mujeres: Marta, María, María Magdalena, Juana que le servían de sus bienes:

> *Juana, mujer de Chuza intendente de Herodes, y Susana, y otras muchas que le servían de sus bienes.*
>
> Lucas 8.3

Desde el libro de los Hechos en adelante la mujer toma parte activa en la iglesia y en el ministerio. Encontramos las hijas de Felipe que eran profetisas. Priscila, en Hechos 18 junto a su esposo Aquila, enseñan a Apolo y a Febes recomendada por Pablo a los Romanos en el capítulo 16 de ese libro. Cada una de las iglesias fundadas por Pablo, y otras a las cuales escribe para darse a conocer eran atacadas continuamente por los judíos no convertidos al evangelio. El apóstol luchó con ellos continuamente. Este intento de judaizar las iglesias traía consigo persecuciones, críticas y aun divisiones. Además

existía también el problema de las tradiciones griegas que predominaban allí. En esta era requisito el
uso de adornos, vestidos lujosos, prendas para ado-
rar a sus dioses.

Timoteo y la iglesia de Éfeso no eran la excepción,
las mujeres toman parte activa en el culto y éstas
para los judíos eran un escándalo. Así que Pablo le
dice a las mujeres que la importancia en la adoración
no estaba en el uso de estos accesorios, sino que
estribaba en la práctica de buenas obras y la conducta correcta hacia sus esposos. Cuando él dice: «Quiero, pues», en 1 Timoteo 2.8, está estableciendo lo que
Dios a través del Espíritu realmente quiere en Su
culto de adoración. Esto no implica que las prendas,
peinados y vestidos lujosos sean pecado, sino que
tales cosas no son las que Dios demanda o requiere
para su culto de adoración. El enfoque correcto de
esta Escritura radica en lo que Dios desea y no en lo
que no desea. De modo que cualquier cosa que
pretenda reemplazar el verdadero propósito en la
adoración se constituye en pecado. En esta indu-
mentaria de perlas y vestidos lujosos no existía mal-
dad en sí, excepto por el propósito de dedicación
para el cual se usaba. Nada malo puede haber en las
perlas. Jesús mismo utilizó una parábola de gran
revelación espiritual con el simbolismo de la perla
de gran precio. Pero si la persona se concentra en
que para el culto se deben tener perlas, entonces se
ha equivocado el propósito. En el Antiguo Testamento, en Génesis 24.22:

*Y cuando los camellos acabaron de beber, le dio
el hombre un pendiente de oro que pesaba medio
siclo, y dos brazaletes que pesaban diez.*

Encontramos a Abraham enviando a su mayordo-
mo a buscar esposa para su hijo; en esa ocasión le
entrega prendas y joyas a la elegida en demostración
de amor y respeto.

*Y salió toda la congregación de los hijos de
Israel de delante de Moisés. Y vino todo varón a
quien su corazón estimuló, y todo aquel a quien su
espíritu le dio voluntad, con ofrenda a Jehová para
la obra del tabernáculo de reunión y para toda su
obra, y para las sagradas vestiduras.*

*Vinieron así hombres como mujeres, todos los
voluntarios de corazón, y trajeron cadenas y
zarcillos, anillos y brazaletes y toda clase de joyas
de oro; y todos presentaban ofrenda de oro a
Jehová.*

Éxodo 35.20,22

Vemos que el pueblo ofrenda prendas para hacer el
tabernáculo de adoración. ¿Cómo es posible que Dios
aceptara cadenas y zarcillos de las mujeres si era pecado? Las mujeres de Israel las usaban y Dios las recibe
para construir el lugar santo de adoración. Una vez
más vemos que es la intención del corazón lo que hace
que alguna cosa se convierta en puro o impuro. Un
ejemplo lo encontramos en Éxodo 32.2-7:

Y Aarón les dijo: Apartad los zarcillos de oro que están en las orejas de vuestras mujeres, de vuestros hijos y de vuestras hijas, y traédmelos.
Entonces todo el pueblo apartó los zarcillos de oro que tenían en sus orejas, y los trajeron a Aarón; y él los tomó de las manos de ellos, y le dio forma con buril, e hizo de ello un becerro de fundición. Entonces dijeron: Israel, estos son tus dioses, que te sacaron de la tierra de Egipto.
Y viendo esto Aarón, edificó un altar delante del becerro; y pregonó Aarón, y dijo: Mañana será fiesta para Jehová. Y al día siguiente madrugaron, y ofrecieron holocaustos, y presentaron ofrendas de paz; y se sentó el pueblo a comer y a beber, y se levantó a regocijarse.
Entonces Jehová dijo a Moisés: Anda, desciende, porque tu pueblo que sacaste de la tierra de Egipto se ha corrompido.

El mismo pueblo que ofrenda para construir un lugar de adoración a Dios, ofrenda para hacer un becerro de oro, igual que los paganos. Dios les había dado una orden en Éxodo 20.23,24 de que no adoraran ni hicieran imágenes:

No hagáis conmigo dioses de plata, ni dioses de oro os haréis. Altar de tierra harás para mí, y sacrificarás sobre él tus holocaustos y tus ofrendas de paz, tus ovejas y tus vacas; en todo lugar donde yo hiciere que esté la memoria de mi nombre, vendré a ti y te bendeciré.

El pecado no estaba en las prendas que usaban, sino en el propósito y la intención de su corazón. Asimismo en las iglesias del Nuevo Testamento era el sentir del corazón y la fuerza que lo motivaba lo que determinaba si era pecado o no. Veamos esto desde una relación matrimonial correcta. ¿Qué cosas le pediría un esposo a su mujer para que lo hiciera feliz? ¿Le exigiría acaso que se presentara ante él vestida de toda piedra preciosa, o de trajes lujosos y prendas ostentosas para merecer su amor? ¿Qué sucedería si ella no tuviese los medios para sufragar estos gastos? ¿Es esto realmente lo que el marido quiere? Le aseguro que no. Usarlos no sería malo, sino que los valores de un buen matrimonio son otros.

¿Cómo le escribiría un esposo a su amada? Seguramente así:

Asimismo que las mujeres se atavíen de ropa decorosa, con pudor y modestia; no con peinado ostentoso, ni oro, ni perlas, ni vestidos costosos, sino con buenas obras, como corresponde a mujeres que profesan piedad.

1 Timoteo 2.9,10

En una ocasión un predicador vino a mí con la cita ya mencionada (1 Timoteo 2.9). Usó todas las artimañas posibles para hacerme sentir pecadora por usar aretes y cadenas. Le pregunté:

—¿Su esposa predica y enseña a su congregación?

—Oh, sí —fue su respuesta inmediata.

—Lamento decirle que ella también está en pecado, pues unos versos más adelante Pablo dice:

La mujer aprenda en silencio con toda sujeción.
Porque no permito a la mujer enseñar, ni ejercer
dominio sobre el hombre, sino estar en silencio.

1 Timoteo 2.11,12

Quedó paralizado ante mi declaración y respondió:
—Usted tiene que entender por qué Pablo dijo
estas palabras. Había un problema de mala interpretación, y además, para hacer una doctrina tiene que
tomar toda la Escritura y examinar lo que se dice al
respecto.

—Muy bien —volví a decirle—. Haga usted lo
mismo con los versos acerca de la vestimenta de la
mujer. Después de todo, están en el mismo libro y
el mismo capítulo.

Bien lo dijo el predicador en el libro de Proverbios 4.7:

Sabiduría ante todo; adquiere sabiduría;
Y sobre todas tus posesiones adquiere inteligencia.

La Palabra de Dios es vida. Cuán hermoso es
cuando quitamos de nuestras mentes las tradiciones
de hombres y tenemos una imagen clara y correcta
de nuestro Señor y Salvador Jesús.

Capítulo 3

La gran pregunta: ¿Quién soy?

¡Comprobado! El hombre necesita más a la mujer que ella a él.

Veamos un poco de historia. Dios dijo: «No es bueno que el hombre esté solo». El Creador sabía que sin nosotras la vida no sería fácil para el hombre. ¡Gloria a Dios!

Desde los tiempos muy antiguos el mundo ha sido privilegiado al contar con mujeres de excelente y excepcional calidad. Bíblicamente tenemos muchas:

Débora y Jael — Heroínas militares

Ester — Reina

Abigaíl — Intercesora
Febe — Diaconisa, ayudadora
Priscila — Maestra de la palabra
Evodia y Síntique — Dirigentes espirituales
de la Iglesia de Filipos

Se cuenta en una anécdota judía que un hombre piadoso estaba casado con una mujer piadosa, pero no tuvieron hijos y se divorciaron. Él se casó con una mujer perversa y esta lo pervirtió; ella se casó con un hombre perverso y lo hizo justo.

Vuelvo a recalcar el valor de la mujer. Somos las que en forma delicada y sutil debemos crear conciencia a la sociedad, esposos, hijos y a nosotras mismas de lo que somos y valemos. La revista «*LIFE*» del 16 de junio de 1947 estimó que al hombre le costaría la suma de diez mil dólares anuales contratar a alguien para hacer el trabajo de «ama de casa». Un buen ejemplo de ello es este informe publicado por la señora Vázquez Ramírez de la «Comisión para asuntos de la mujer», oficina del gobernador en Puerto Rico:

LOS DIVERSOS ROLES
DE LA MUJER DE HOY

Desde el origen de la vida, la mujer ha tenido un sinnúmero de roles que aun, en la década de los 80, continúan siendo de su exclusividad. A pesar de las múltiples conquistas que ha adquirido, todavía ejerce funciones que son solamente realizadas por ella por el solo hecho de haber nacido mujer.

Todos los roles que tiene que desempeñar, muchos de ellos simultáneamente, responden a la creencia de que como sexo débil debe limitar su esfuerzo a tareas de poca importancia. Sin embargo, son precisamente las múltiples tareas que realiza las que demuestran que ésta fue hecha para andar a la par con el hombre, hombro con hombro, y no a sus espaldas.

Entre algunos de los muchos roles que la mujer realiza podemos mencionar los siguientes:

MADRE: Desde que el niño nace, es la madre quien satisface la mayoría de sus necesidades: darle comida, afecto, cuidarlo cuando está enfermo, llevarlo al médico, enseñarle buenas costumbres y comprarle todo lo que necesita.

ESPOSA: Atender al compañero manteniéndole la ropa limpia, preparándole la comida y satisfaciéndole sexualmente.

AMA DE CASA: Dedica de 35 a 90 horas semanales al trabajo doméstico. Este comprende limpiar la casa, planificar los menús, hacer la compra y guardarla, cocinar, lavar los platos, lavar y planchar la ropa.

EMPLEADA ASALARIADA: La mujer hace dos terceras partes del trabajo del mundo; en Puerto Rico las mujeres representan 36% de la fuerza laboral.

JEFE DE FAMILIA: De las familias puertorriqueñas, 21% están encabezadas por una mujer. O sea, en una de cada cinco familias existe una como jefe de esta. Cabe señalar que de los divorcios registrados en Puerto Rico, 98% de ellos la mujer es la que obtiene la custodia, la crianza de los hijos y su bienestar económico.

COSTURERA: Arreglar y coser la ropa, y cuando esta se rompe, pegar botones, hacer ruedos.

CHOFER: Llevar y recoger a los niños a la escuela, a las actividades recreativas y deportivas, al médico.

NIÑERA: Cuidar los nietos cuando sus hijos salen o mientras trabajan.

TUTORA: Revisar las libretas de los niños; ver si hay tarea, repasar para los exámenes.

ENFERMERA: Comprar vitaminas o suplementos alimenticios, dar medicinas, tomar la temperatura; cuidar al esposo, hijos, nietos y ancianos.

ANFITRIONA: Cuando tiene visita en la casa o cuando prepara algún tipo de actividad social en el hogar.

COMPUTADORA: Saber fechas y datos generales sobre todos los miembros de la familia desde las fechas de nacimiento y vacunas, hasta la de defunción de sus suegros.

DECORADORA: Adornar, diseñar o crear espacio; seleccionar accesorios para el hogar.

Abundando sobre este tema, Doris Vázquez Ramírez, Directora Ejecutiva, de la «Comisión para los asuntos de la mujer», oficina del gobernador, nos habla sobre este particular: «La mujer realiza un sinnúmero de trabajos que para la sociedad en general son parte de su responsabilidad. Además de no recibir remuneración por el trabajo doméstico que realizan muchas de ellas se ven obligadas a contribuir económicamente con el mantenimiento del hogar teniendo que irse a trabajar fuera de este. De esta manera trabajan doble y en la mayoría de las ocasiones sin recibir ayuda de sus compañeros.

La mujer, por los múltiples roles que desempeña, en muchas ocasiones no tiene tiempo para sí misma ni para desarrollar sus potenciales», señala Vázquez Ramírez.

En el artículo titulado «*La valorización del trabajo doméstico*», Vázquez Ramírez expresa que la mayoría de las personas que acuden a los profesionales de ayuda son mujeres. Estas sufren de agotamiento físico y mental y presentan enfermedades producidas por la frustración y la depresión, la ira reprimida y la depresión.

No obstante, a pesar de las presiones que recibe a pesar de sus múltiples roles y tareas, ésta ha sabido demostrar que como ser humano, igual al hombre, tiene unas capacidades y unas potencialidades que la hacen capaz de dirigir una nación, presidir una empresa y administrar un hogar sin dejar de ser mujer.

Es por esta razón que muchas en Puerto Rico y en el mundo entero esperan que se promueva una política favorable a sus luchas; que se produzcan cambios en actitudes que permitan a la mujer y al hombre ver y aceptar las tareas domésticas como una alternativa más en la vida y no como una obligación; que se fomenten enfoques independientemente del sexo en la educación, tanto en los libros de textos como en los procesos educativos y en las comunicaciones; que se establezca el valor de los servicios rendidos por el ama de casa y que esto genere reformas sociales y económicas tangibles que beneficien a la mujer, tales como planes de retiro y seguro social para las amas de casa; que se promueva la creación de más centros de cuidado diurno a precios módicos para niños de edad preescolar; y que se impulsen estudios sobre las razones por las cuales la mujer gana menos por realizar labores comparables a las de los hombres.

¡Maravilloso! ¡Sorprendente! Aun para nosotras mismas. ¿Es posible que pueda desempeñar todos esos papeles y sobrevivir física y mentalmente saludable? Esa es la gran pregunta que muchas nos hacemos. Por eso su femineidad, y debe permitirse a sí misma trascender en esta sociedad. Uno de los graves problemas del feminismo es enfatizar la igualdad del hombre y la mujer. En mi opinión ésta es imposible, jamás lo seremos; hay diferencias y límites para ambos sexos. Eso no implica inferioridad para ninguno, sólo que Dios al crearlos pensó en que se complementaran el uno al otro. Moisés en Génesis 1.27 dice:

> *Y creó Dios al hombre a su imagen, a imagen de Dios lo creó; varón y hembra los creó.*

En la mente del Creador no estaba la idea de que ninguno de los dos doblegaría a su pareja. Por causa del pecado el hombre tomaría dominio sobre la mujer y Dios así lo advierte a ésta en Génesis 3.16:

> *A la mujer dijo: Multiplicaré en gran manera los dolores en tus preñeces; con dolor darás a luz los hijos; y tu deseo será para tu marido, y él se enseñoreará de ti.*

Desde ese momento en adelante la superioridad viril se predica en voz alta y la mujer sólo intenta defenderse. El sexo masculino quiere mantener encerrada a la mujer en una jaula y ésta lucha por evadirse. Ellos no quieren aceptar que nos necesitan más a nosotras e insisten en que es a la inversa.

Los sicólogos Sternberg y Grajek, de la Universidad de Yale, en Estados Unidos, preguntaron a igual cantidad de hombres y mujeres a qué persona amaban más en el mundo. Sorprendentemente, los hombres por un margen abrumador, contestaron que a sus esposas o novias, según el caso, era la persona más amada. Las mujeres sin embargo en menor grado pusieron a sus compañeros como la persona que más amaban. Es curioso que también se comprobó que 99% de los hombres de éxito son los que tienen un matrimonio estable. ¿Por qué? Sencillo. Salomón dijo:

El corazón de su marido está en ella confiado.

Cuando la mujer satisface emocionalmente en la forma correcta a su compañero, éste recibe la fuerza y paz interior que lo hace ser productivo y eficaz.

La mayoría de las damas se quejan de que su marido no es romántico, cariñoso, abnegado; los tildan de insensibles y piensan que ellas aman y se sacrifican mucho más que ellos para mantener la relación. Por supuesto hasta cierto punto esto es real. La razón es que las mujeres satisfacemos necesidades en forma muy completa y ni siquiera damos tiempo para que noten lo importante que somos en sus vidas.

Veamos por qué digo esto:

1. Ellos necesitan ser cuidados y nosotras somos expertas en eso.

Las esposas planchan las camisas (o se ocupan de llevarlas a la lavandería) en forma eficiente; de igual modo hacemos la cita con el dentista y si se sienten indispuestos: ¡Bendito sea el Señor! Jamás van al consultorio médico solos. ¡Imposible! Nosotras tenemos que estar allí. Regularmente vemos al dentista y al ginecólogo solas. Sé de algunas que han llegado al hospital, para dar a luz, conduciendo ellas mismas el automóvil. ¿Usted cree que algún hombre haría eso? Realmente lo dudo.

Y ¿qué me dice al salir de compras? Generalmente compran su ropa bajo nuestra supervisión. Busque y verá que los homoxsapiens (masculinos) que viven solos, usualmente, tienen que pagar una ama de llaves para poder tener en orden el apartamento. Claro que existen excepciones a la regla, pero no hablamos de las excepciones sino de reglas.

2. Los casados tienen mejor salud mental y física que los solteros y divorciados. Las investigaciones hechas comprueban que sufren menos muertes prematuras, neurosis, fobias, depresiones y que las grandes empresas les confían altos puestos a hombres casados, no así a los solteros. Ya Dios había dicho antes:

[...] No es bueno que el hombre esté solo[...]

Génesis 2.18

Voy a mencionar una última ventaja, pero en realidad podría enumerar muchas más.

3. La confianza y amistad que brindamos a nuestros cónyuges es de un valor incalculable.

Muchas féminas tienen una llamada «mejor amiga» que es su confidente. Puede ser que para otras su mamá o algún otro familiar sea su apoyo emocional. A pesar de todo, cuando se trata de hacer confidencias, o de mostrar sus debilidades y conflictos, o de simplemente desahogarse, la mayoría de los hombres acuden a su «esposa».

Nosotros sabemos y conocemos más a nuestros esposos que su propia progenitora y muchas veces

de sólo mirarlos descubrimos si las cosas andan bien
o mal. Usted le dice: «Mi vida, ¿te pasa algo?»

Su respuesta inmediata es: «No, no pasa nada» No
se desespere, en el momento menos pensado el león
quedará tendido en su falda y le contará lo que pasa.

Usted me dirá: «Entonces, ¿por qué rayos no quieren reconocer estas verdades?»

Le diré sólo dos razones:

1. Por causa de la tradición cultural y social, al
hombre se le enseñó a ser fuerte.

El machismo es el producto de esta antigua creencia;
no exteriorizar ni demostrar sus limitaciones o su
necesidad de compañerismo. Se adhieren a su mente
y por consecuencia a su comportamiento.

Esto es precisamente su gran desventaja. Para los
hombres es en realidad una carga que se les ha
impuesto y que interiormente, a veces sin saberlo
rechazan. Por el contrario, a las mujeres se nos enseñó a ser indefensas, se nos dio más ternura y
cuidados. De niñas dependíamos de los cuidados de
mamá y papá, y para colmo, del hermano mayor
para sentirnos seguras. De adultas buscamos que el
hombre satisfaga y llene ese vacío. Queremos oír
repetidas frases como «Te adoro» y «Te necesito»,
«No puedo vivir sin ti» y éstas chocan con lo trasmi-
tido a los hombres. A los cuales se les dijo: «Los
hombres no lloran», «Son de la calle». A los niños se
les preguntaba: «¿Cuántas novias tienes en la escue-

la?» El patrón antiguo todavía está vigente en la sociedad.

Si una mujer necesita oír constantemente estos halagos es porque se siente insegura de sí misma y no sabe el valor que tiene. Pero si comprendiéramos que somos la persona más importante en la vida de nuestro esposo, entonces nos ocuparíamos, no tanto de escucharlas, sino en decirlas.

Pasemos a la segunda razón:

2. Mayor responsabilidad económica cae sobre *ellos* (aunque sea sicológicamente).

A pesar de que muchas aportan dinero al hogar, aun en sus mentes está la idea de que la responsabilidad mayor es de su marido. Si así es nuestro pensar, y somos mujeres, ¿te imaginas la carga emocional que ellos tienen por esto? El hombre, aunque sabemos que tiene necesidades afectivas igual que nosotras, las relega a un segundo plano, porque como prioridad está el encargarse de la administración y planificación para el futuro de su familia.

Por eso descansa o da por sentado que la esposa será también su secretaria, niñera, ama de llaves y que con su esfuerzo fuera del hogar para satisfacer sus necesidades debe ser suficiente prueba de que él la ama y la necesita.

¿Por qué andar pregonando en alta voz que mi compañera es lo más valioso que tengo?, se preguntan ellos.

Respondemos entonces: *¿QUIÉN SOY?*

Simplemente: La mayor creación de Dios, la compañera idónea y la persona que puede lograr que el hombre satisfaga mis necesidades, porque sé que él sin mí se encontraría incompleto.

¿QUÉ ES UN HOMBRE?

Padre

El hombre desarrolla su hombría mediante la palabra paternidad (física y espiritual). Él crea, provee, enseña, dirige... Comparte lo que tiene y lo que es con aquellos por quien es responsable. Da de sí mismo (su cuerpo, corazón, mente y voluntad) para que cada uno a su cuidado se convierta en un ser único. Cuando repudia su obligación como padre («yo hago el dinero, tú crías los hijos») sin saberlo menoscaba su propia hombría. (La mujer prefiere un hombre varonil porque la hace sentir más mujer.)

Conquistador

La misión del hombre es señorear la tierra, tener dominio sobre las fuerzas de la naturaleza. Él compite y guerrea con el otro hombre. Quiere demostrar su valor (lo que vale)

¿QUÉ ES UNA MUJER?

Madre

La mujer se desarrolla como tal a través de la maternidad (sea física o espiritual). En lo más íntimo está el deseo de producir, conservar y nutrir la vida. Quizás decida no ser madre, pero a alguien (sea su esposo, su amiga, su perro le servirá como tal).

El hombre prefiere una mujer femenina porque ésta le hace sentir más hombre.

Amante

El amor es la existencia de la mujer. Para ella amar y ser amada es vivir. Ella se satisface cubriendo las necesidades de su familia demostrándoles afecto. También conquista, pero

adquiriendo su amor trabajando y tratando de conquistar al mundo.

lo hace con su amor personal.

Su centro de interés:

El mundo

Para él el mundo de los negocios y su trabajo es su ambiente natural. Allí es donde está la acción, donde reside su interés. (El peligro perenne: Su trabajo puede ser causa de división, puede llegar a ser más importante que su familia.) El varón es expansivo; siempre busca nuevos retos, constantemente trata de ampliar su horizonte.

Objetivo

Los hechos son hechos. Puede desprenderse de sus emociones. Ve los eventos y las cosas como son en sí («No niego que sería divertido dar un viaje, pero no lo podemos hacer ahora»). («Los Pérez no pueden venir a cenar, estarán ocupados mañana».)

Su centro de interés:

El hogar

El hogar es una extensión de ella misma. Es donde su corazón y alma ejercen su creatividad. Aquí ella es reina. La mujer es conservadora. Echa raíces, lucha por preservar y mantener la seguridad que le rodea. («Quisiera que gastes menos dinero en nosotros y nos dediques más tiempo».)

Subjetiva

Los sentimientos vienen primero. Es apegada a las cosas y las personas. Ve los sucesos y su significado con relación a ella. («Quizás no estemos en condiciones de hacer un viaje, pero piensa lo que nos divertiríamos».) («¿Que los Pérez no vienen? ¿Estarán molestos con nosotros?»)

Impersonal

Centrado en las cosas, en las ideas. Para él el mundo real son los objetos materiales, sus planes y proyectos. Piensa en las personas en términos de sus funciones. Por esta razón no se inclina más a ser estricto y aplicar la justicia.

Modestia del alma

No se avergüenza de su desnudez física pero es renuente a revelar su ser interior. («No es necesario hablar del amor, ¿acaso no lo demuestran mis acciones?) Piensa que no es de hombres demostrar sus sentimientos, como llorar o admitir que siente temor.

Apasionado

¿Sexo? A cualquier momento, en cualquier sitio. Siempre está dispuesto y listo. Su interés sexual se despierta con la vista, el tacto, palabras... al instante. Más propenso a pensar en el acto sexual como algo meramente físico en

Personal

Centrada en las personas. Le da más importancia a las personas; está más consciente de que cada individuo es un ser humano único. («Pedro, el cartero, padece de alergias».) Por esta razón tiende a ser indulgente, más clemente.

Modestia del cuerpo

Vacila antes de desnudarse ante otra persona, particularmente si no está segura de ser atractiva. («¿Qué van a pensar de mi cuerpo?») Sin embargo, puede hablar con libertad de lo que siente. Puede expresar sus sentimientos.

Romántica

Su estado de ánimo y el ambiente tienen mucho que ver con su respuesta al deseo sexual. («Esta noche no, estoy muy cansada», o «apaga la luz» o «pon una música suave».) Su excitación sexual es más lenta y gradual. Ve la relación se-

el que su cónyuge mera-
mente **hace** su parte.

Negligente

Da por sentado que su es-
posa está segura. («Claro
que te quiero... ¿me casé
contigo, no?») No se pue-
de molestar con trivialida-
des ni detalles, atenciones,
cortesías, cosas que signi-
fican tanto para la mujer.
Detalles que la hagan pensar que él la ve como mujer
y no como ama de casa.

Mayor debilidad: Desaliento

Su mayor peligro. El con-
quistador y luchador necesita un voto de confianza
continuo; ser estimado y
admirado, alimentar su
ego. El hombre nunca esta-
rá satisfecho con sus logros,
siempre quiere más. (La esposa puede empujarlo o
inspirarlo; hacerlo o des-
truirlo.)

Orientado hacia el futuro

Ve las cosas a largo alcance. ¿Qué traerá el mañana?

xual como una experien-
cia emocional en la que los
cónyuges se **dicen** algo.

Cantaletea

Su instinto maternal, su
emocionalismo, y su preo-
cupación por los detalles la
hacen cantaletear en oca-
siones, siempre buscando
faltas. («Tú nunca me dices
nada de lo bien que cocino
para ti».) Logra, al cantaletear, recibir la atención bus-
cada.

Mayor debilidad: Soledad, tristeza

Su debilidad sicológica.
Según es más amorosa,
más emocional, más de-
pendiente, es más sensible
al sentido de soledad. Tiene mayor necesidad de re-
laciones interpersonales y
comunicación de corazón
a corazón.

Orientada hacia el día de hoy

No le molesta el futuro.
Para ella lo que importa es

¿Qué podré hacer el año que viene?

Lo que es esencial

Va al meollo de las cosas, a lo esencial. («El auto es bonito, pero ¿es económico?») («Claro que me acordé de tu cumpleaños. Te regalo un reloj».)

Lógico

Estudia la evidencia, luego llega a conclusiones.

Firme

No demuestra muchas altas y bajas en su patrón emocional. Tiende a mantener su estado de ánimo (sea placentero o agrio) constantemente.

Un líder

Toma decisiones. Debe asegurar el futuro suyo y de su familia. Su masculinidad demanda seguridad de que él es la «cabeza del hogar»

lo que pasa hoy, lo que hay hoy, lo que tiene hoy.

Los detalles

Le impresionan las cosas pequeñas. («Qué bonito el interior del auto».) («Claro que me regalaste un reloj, pero ni siquiera lo envolviste».)

Intuitiva

Muchas veces sabe las cosas sin saberlas. Depende del instinto o la emoción. («Yo sé que algo te molesta, lo presiento».)

Variable

Es sensible a las personas y al ambiente. Su estado emocional cambia con más frecuencia y rapidez.

Seguidora

Se siente segura cuando puede depender de un hombre responsable. Desea sentirse necesitada, como ayuda idónea para su cónyuge. Su femineidad demanda la seguridad de sentirse «el corazón del hogar».

Celosa

Ella quiere para sí todo el amor de su esposo, todo el tiempo. En su deseo por esa atención, monopoliza al varón. Está inclinada a ser posesiva para asegurarse de que este hombre es de ella nada más. (El varón sabio, frecuentemente le recuerda a su esposa que ella es la mujer de su vida.)

Egoísta

Su pronombre personal favorito es «yo». Lucha por superar a los demás. Necesita que se le estime y admire: es su alimento emocional. (Una esposa prudente nunca humilla a su esposo, sino que lo hace sentir importante.)

CREAR UN BALANCE

No sería justa conmigo ni contigo, querido lector, si hubiese omitido este capítulo. Soy defensora de la mujer y reacia a la tan utilizada palabra «sometida» que se nos ha querido endilgar por siglos y siglos. Pero en mi diario trabajo como pastora de una congregación bastante grande, y viviendo en una sociedad tan avanzada tecnológica, social e intelectualmente, creo que el movimiento feminista tuvo un buen comienzo pero se ha desvirtuado.

Es necesario que tomemos conciencia y no nos dejemos arrastrar corriente abajo.

Capítulo 4

Mujer, fuente de inspiración

Se ha dicho desde tiempos muy antiguos que la mujer vale la mitad de lo que vale el hombre. Para beneficio de los machistas antiguos y modernos, según ellos, la Biblia los apoya y corren a ella en el libro de Levítico 27.1-8:

Habló Jehová a Moisés, diciendo: Habla a los hijos de Israel y diles: Cuando alguno hiciere

*especial voto a Jehová, según la estimación de las
personas que se hayan de redimir, lo estimarás así:
    En cuanto al varón de veinte años hasta
sesenta, lo estimarás en cincuenta siclos de plata,
según el siclo del santuario.
    Y si fuere mujer, la estimarás en treinta siclos.
Y si fuere de cinco años hasta veinte, al varón lo
estimarás en veinte siclos, y a la mujer en diez
siclos.
    Y si fuere de un mes hasta cinco años, entonces
estimarás al varón en cinco siclos de plata, y a la
mujer en tres siclos de plata. Mas si fuere de
sesenta años o más, al varón lo estimarás en
quince siclos, y a la mujer en diez siclos. Pero si
fuere muy pobre para pagar tu estimación,
entonces será llevado ante el sacerdote, quien
fijará el precio; conforme a la posibilidad del que
hizo el voto, le fijará precio el sacerdote.*

¡Qué fácil es tomar una Escritura y aplicarla para
apoyar un criterio sin buscar el trasfondo o el verdadero sentido del escritor! Aun en nuestros días las
leyes escritas por hombres en el momento de inter-
pretarlas el buen abogado recurre a lo que se llama:
«El espíritu de la ley», o sea, la intención del autor
al dictar tal o cual ley.

Pero la ley no siempre exige su estricto cumplimiento, a menos que así se establezca de su propio
texto o que por interpretación jurisprudencial así se
determine. Si una prohíbe que se accione de cierta
manera en una carretera de adoquines, el hecho de

que se trate de una carretera de cemento o de asfalto no deja de exigir su cumplimiento riguroso. De lo cual se desprende que lo válido y determinante es que se cumpla con la esencia, con lo primordial, lo que ha sido la razón de ser de la letra.

El propio diccionario de la Lengua Española que publica la Real Academia Española cada diez años contiene la siguiente definición (la H 12) bajo el término «espíritu» que incluye el espíritu de la ley: Principio generador, tendencia general, carácter ínfimo, esencia o substancia de una cosa. De ahí que el que se apegue a la letra antes que al espíritu de la letra está más propenso a caer en error que el que se guíe por el espíritu, por la esencia, por la intención de esta.

Nada más que con tender la vista y el entendimiento al que creó en un principio los cielos y la tierra y al ser que habría de autorizar o enseñorearse de la tierra a la que Génesis 1.27 establece que: «Creó Dios al hombre a su imagen y semejanza, a imagen de Dios los creó; varón y hembra los creó», se advierte que nuestro Señor Jesucristo y el mismo apóstol San Pablo enfatizan, que Dios no hace acepción de personas. Cuando Pablo dice a la mujer que no hable en la congregación, fue porque él respondía a sus propios patrones culturales; se crió en gracia, era ciudadano romano y la cultura pagana corrupta de estas naciones había situado a la mujer como objeto de sexo y explotación. Cómo explicáramos el objeto

de sexo mejor en el capítulo 2, las otras razones muy
bien aclaran este aspecto.

No cabe considerar que la idea de Levítico 27.4 al
asignar la paga por la mujer menos de lo pagado por
el hombre lo que haces es reconocer la utilidad de la
mujer al establecer su pago.

Es historia el hecho de que las civilizaciones más
corruptas y más alejadas de Dios mantienen a la
mujer subyugada y explotada como lo sigue siendo
hoy día en las naciones árabes. Pero Jesús nos libertó
de ese yugo y hoy proclamamos orgullosamente en
los pueblos cristianos la igualdad de sexo. Esto no
quiere decir que no reconozcamos las diferencias
entre uno y otro sexo. Pero a la mujer le fue confiada
la mejor parte: su maternidad. «¡Viva la diferencia!»

De la misma forma que interpretamos las leyes
humanas podemos aclarar las intenciones de Dios
al darle a Moisés algunas reglas que parecen contra-
rias a la mujer. El Antiguo Testamento nos narra la
historia del hombre caído, con el cual su Hacedor
tiene que lidiar a fin de no dejarlo en tan nefasta
situación. Las diversas ofrendas dadas por los israe-
litas eran con el propósito de mantenerlos en continuo contacto con Dios. No era el valor monetario en
sí lo que importaba. Dios siempre proveía una salida
para aquellos que no tenían los medios económicos.
Se acuerdan de los palominos como ofrenda en
Levítico 5.6 y 7. Para esta época el lugar de la mujer
era la casa, sus hijos; la mayoría se mantenía sin
tomar participación en otra labor que no fuera su

hogar. Pero ellas también tenían que ofrecer sacrificios, redimirse, y Dios les proveía el medio para hacerlo, pidiendo sólo la mitad de lo que el hombre ofrecía. La justicia de Dios es manifestada también en el diezmo. Nuestro Creador quiere que le entreguemos todo lo que tiene valor para nosotras y el dinero de un hombre significa no sólo poder económico sino su vida. Con él compramos alimento, techo, medicinas, educación; todo lo que es indispensable para el ser humano y su sobrevivencia.

Es absurdo pensar que Dios basa el valor del hombre o mujer por el simple hecho de pedir sesenta siclos de ofrenda por el hombre y la mitad por ella. Sólo podemos ver la justicia de Dios que provee la salida a la mujer redimiéndola por un precio menor, conociendo que por causa del pecado la mujer quedó sometida.

Me pregunto entonces por qué Dios dijo en Génesis 2.18:

> *Y dijo Jehová Dios: No es bueno que el hombre esté solo; le haré ayuda idónea para él.*

¿En algún momento estos machistas, ya pasados de moda, habrán buscado en un diccionario lo que significa la palabra idónea?

Bueno, para los que no lo han hecho aquí va.

Idóneo(a):

1. *Adecuado: Que tiene aptitud.*
2. *Que tiene buena disposición.*
3. *Suficiencia para una cosa.*

Me gusta la palabra suficiencia; pienso que Dios nos creó y nos dotó de esta fuerza interior, y más aún: sabía el Creador que el hombre necesitaba a su lado una mujer con gran firmeza y sensibilidad.

Cuán hermoso es ver la Escritura en Génesis 1.27,28:

> *Y creó Dios al hombre a su imagen, a imagen de Dios los creó; varón y hembra los creó. Y los bendijo Dios, y les dijo: Fructificad y multiplicaos; llenad la tierra, y sojuzgadla, y señoread en los peces del mar, en las aves del cielo, y en todas las bestias que se mueven sobre la tierra.*

Cuando el Creador nos hizo a su imagen, tanto al varón como a nosotras nos dijo: «Multiplicaos, llenad la tierra, sojuzgadla y señoread», no estaba en los planes de Dios que el hombre tomara la tierra, así que le dio también a la *rama femenina* ese dominio. Me parece, pienso por deducción, que si Dios dijo que sojuzgáramos, nos dotó para ello, ¿no cree usted?

Como una apreciación muy personal y haciendo un paseo por la narración bíblica, las féminas que estuvieron al lado de cada personaje masculino los inspiraron y motivaron, y así ellos pudieron alcanzar grandes logros para con Dios, su nación y personalmente.

Ahora la gran pregunta: ¿Cómo puede una mujer ser fuente de estímulo? (Antes de contestar.) Es importante que nosotras como mujeres sepamos ocupar nuestro lugar en la sociedad, la iglesia, como esposas y madres. Por años hemos luchado por arrebatarle al hombre el lugar de privilegio que pensamos que él tiene. Aunque la lucha ha sido dura, creo también que no lidiamos en forma correcta esta batalla.

Consideremos el verso bíblico:

La mujer sabia edifica su casa.

Proverbios 14.1

Es la sabiduría un ingrediente vital que debemos utilizar en el trato con nuestro esposo o novio. Por experiencia he descubierto que somos las personas con mayor capacidad para estimular al hombre. ¡Ahora bien! ¿Qué es estímulo? El diccionario dice que es «excitar vivamente» (a uno) a la ejecución de una cosa «avivar». Esto me trae a mi memoria el delfín de «Sea World» llamada Shamu. Es curioso ver la forma en que los encargados del espectáculo estimulan al animal a hacer saltos dándole una cantidad de peces cada vez que ejecutan su rutina.

Podemos hacer lo mismo con nuestros maridos; siempre que hagan algo que nos agrade debemos mostrar reconocimiento. Es lamentable que muchas mujeres suelen sacar a relucir los aspectos negativos de la conducta de sus esposos y están prestas a quejarse o criticar de forma inmediata. Pero pocas veces elogian, o por lo menos dan las gracias, por alguna acción que hicieron, aunque esta fuera sencilla o común.

Reflexionemos sobre algunos *aspectos* importantes que debe tener una mujer que pueden ser empleados para motivar e inspirar al hombre a darnos el lugar que deseamos como una creación especial de Dios.

1. Actitud amorosa, comprensiva y apacible

Se ha dicho que la felicidad conyugal del hombre depende más del temple y temperamento de la esposa que de cualquier otra cosa. La mujer podría tener todas las virtudes del mundo, pero, no valdría de nada si es una arpía regañona o malhumorada. Bien lo dijo Salomón en Proverbios 19.13,14:

> *Dolor es para su padre el hijo necio,*
> *y gotera continua las contiendas de la mujer.*
> *La casa y las riquezas son herencia de los padres;*
> *mas de Jehová la mujer prudente.*

Una esposa es la persona que satisface las necesidades del marido. Aporta al matrimonio lo que el marido no puede. Es el complemento perfecto de las necesidades del hombre, y son muchas. El hombre es fuerte físicamente, pero la mujer lo es en paciencia, tacto, ternura y compasión. ¡Qué Dios sabio! Si la mujer desarrolla estas cualidades en abundancia formará un gran equipo con el hombre.

2. Hogar apacible

Ser esposa es algo exigente en extremo. La mayoría de los hombres necesita desesperadamente una esposa y están perdidos sin ella. Ellos necesitan un hogar pues en él se sienten seguros, renuevan el ánimo y fortalecen su espíritu. Por eso es importante saber que un verdadero hogar no es cuatro paredes bien decoradas, sino un lugar donde se respira amor, descanso, sosiego. Es imprescindible que usemos la sabiduría que Dios nos ha dado para crear un ambiente cálido en el hogar, y le aseguro que a su esposo le costará mucho trabajo salir del nido.

3. Fuerza espiritual

Aun en el Antiguo Testamento encontramos mujeres que actuaron como líderes espirituales. Una fue Débora, que era profetisa, jueza y gobernadora. Dios ha llamado a compartir con el hombre la labor espiritual. Esto no significa que todas seamos parte del liderazgo eclesiástico, pero sí nos impele a tomar parte activa en el crecimiento espiritual de nuestra familia. Me trae a la memoria un gran profeta: Isaías... ¿sabes? Su esposa era profetisa:

> *Y me llegué a la profetisa, la cual concibió y dio a luz un hijo. Y me dijo Jehová: Ponle por nombre Mahersalal-hasbaz.*

Isaías 8.3

En el libro de Proverbios 31.23

Su marido es conocido en las puertas,
Cuando se sienta con los ancianos de la tierra.

Nos muestra que una mujer sabia y talentosa eleva al marido a ocupar un lugar entre los líderes de Israel. En el Nuevo Testamento la mujer es parte activa en el desarrollo de la Iglesia. Vemos en Hebreos 11.35 que por fe las mujeres recibieron sus muertos por resurrección. ¡Cuán poderosa es una mujer que ejercita su fe y la pone a funcionar para ser una fuerza espiritual en su hogar! El apóstol Pedro nos da la clave de cómo ganarse a un hombre inconverso en 1 Pedro 3.1-4:

> *Asimismo vosotras, mujeres, estad sujetas a vuestros maridos; para que también los que no creen a la palabra, sean ganados sin palabra por la conducta de sus esposas.*

(Versículo 1)

Veamos claramente que le menciona:

> *Vuestro atavío no sea el externo de peinados ostentosos, de adornos de oro o de vestidos lujosos.*

(Versículo 3)

En otras palabras, no pienses que vas a ganar a tu marido vistiendo lujosamente o llenándote de adornos. Eso no es lo que gana al marido, sino que lo puedes atraer con:

[...] el interno, el del corazón, en el
incorruptible ornato de un espíritu afable y
apacible, que es de grande estima delante de Dios.

(Versículo 4)

No es que los trajes lujosos y los adornos de oro y perlas sean malos, pero no son realmente el medio por el cual vamos a ganar a nuestro marido. Dios no tiene problema con el oro que tú uses, si te mantienes como las mujeres del Antiguo Testamento en espíritu afable con tu esposo.

Encontramos que Abraham envía un sirviente con regalos a buscar esposa a Isaac y le entrega pendientes y brazaletes (Génesis 24.30):

Y cuando vio el pendiente y los brazaletes en las
manos de su hermana, que decía: Así me habló
aquel hombre, vino a él; y he aquí que estaba con
los camellos junto a la fuente.

Más adelante Moisés recoge ofrenda para el tabernáculo de Jehová en Éxodo 35.22:

Vinieron así hombres como mujeres, todos los
voluntarios de corazón, y trajeron cadenas y
zarcillos, anillos y brazaletes y toda clase de joyas
de oro; y todos presentaban ofrenda de oro a
Jehová.

¿Si fuera pecado el oro y los adornos, Dios los habría aceptado para hacer Su lugar de adoración? No lo creo. Dios sólo desea que todo lo que tienes sea consagrado y limpio para Él y que nosotras como mujeres sabias usemos sus dones y sabiduría para Su gloria, para beneficio de nuestra familia.

No te olvides, todo hombre necesita a su lado una creyente en los momentos contrarios.

LO QUE DEBEMOS RECORDAR DEL HOMBRE

Ponlo en primer lugar: Él es tu rey

El principio más importante que se puede aplicar para ganarse el amor y la ternura de un hombre es hacerlo sentirse como hombre.

No trates de admirar a tu esposo si primero no lo aceptas.

Demuestra necesidad de su cuidado masculino y de su protección. No brilles más que él en nada que sea masculino.

Recuerda el poder de la femineidad; es más fuerte que la mayor persuasión.

Tu felicidad descansa mayormente en tu rol femenino, en ser una esposa comprensiva, una mujer extraordinaria y una buena ama de casa.

Una vez que un hombre ha probado el dulce, no se contentará con tu viejo yo otra vez.

Si fallas, no te desanimes, considéralo normal, revístete de valor y haz otro esfuerzo.

Debes olvidarte de las faltas de tu esposo, sus errores pasados, sus fallas. Mira su lado mejor y a comenzar de nuevo.

Una de las claves para el éxito en el matrimonio es aprender a dar sin pensar en lo que vas a recibir a cambio de lo que das.

Es mejor tener 10% de un hombre que vale 100%, que tener 100% de un hombre que vale 10%.

Cuando un hombre provee el sustento para una mujer netamente femenina, siente como una expansión de sus capacidades masculinas.

El alma de un hombre clama por admiración.

El hombre es la creación máxima que ha creado Dios, pues lo hizo a Su semejanza; no podemos decir que amamos a Dios si no amamos a nuestros esposos.

UN MARCADOR DE LAS CUALIDADES DE LA ESPOSA

1. ¿Tratas de hacer la casa interesante, atractiva, alegre, un lugar para descanso, dedicando a la casa tanto cuidado e interés como harías en un empleo, fuera de la casa?

2. ¿Animas a tu marido a que salga con cierta frecuencia con sus amigos, aunque esto signifique que tú tengas que quedarte en casa?

3. ¿Sirves comidas que son apetitosas, variadas y atractivas?

4. ¿Administras la casa de un modo eficiente como si estuvieras al frente de un negocio?

5. ¿Procuras presentarte de modo atractivo (¡que no quiere decir provocatrivo!) a fin de que tu marido se sienta orgulloso de serlo?

6. ¿Tienes buen humor? ¿Eres animosa y no te quejas de todo, puntual, no regañona y criticona, no insistiendo siempre en decir la última palabra, haciendo un gran alboroto por menudencias y exigiéndole que resuelva todos los problemas, hasta los más mínimos, que podrías resolver tú misma?

7. ¿Refuerzas el «ego» de tu marido no haciendo comparaciones desfavorables con otros hombres que tienen más éxito en la vida, sino haciéndole sentir satisfecho de lo que hace?

8. ¿Evitas que tu madre u otros parientes se metan en las cosas de la familia y muestras cortesía y consideración para los parientes del marido?

9. ¿Tienes interés en sus negocios, de un modo inteligente, dejándole sin embargo las manos libres, no dándole consejos, críticas de sus socios, etc., a menos que te la pida; haciéndote cargo de que debes dedicarle tiempo incluso cuando quisieras que te lo dedicara a ti?

10. ¿Tienes interés en sus pasatiempos y preferencias de modo que puedas ser compañía satisfactoria para él en las horas libres?

11. ¿Lo animas y apoyas en los momentos de tensión, haciéndole saber que estás con él y que lo amas?

12. ¿Procuras comportarte a la altura de su posición y demandas que ésta requiera?

RESPUESTAS

«Nunca», «en absoluto»   — La nota es 0

«Un poco», «a veces»   — La nota es 1

«Con alguna frecuencia»   — La nota es 2

«Con frecuencia»,
«muchas veces»   — La nota es 3

«De un modo regular» o
«prácticamente siempre»   — La nota es 4

1. _____   _____
2. _____   _____
3. _____   _____
4. _____   _____
5. _____   _____
6. _____   _____
7. _____   _____
8. _____   _____
9. _____   _____
10. _____   _____
11. _____   _____
12. _____   _____

Total de puntuación: _____

Como hay doce preguntas, el resultado perfecto sería 48. Sin embargo, este resultado es rarísimo. Si el resultado es 28, hay necesidad de mejorar sin dilaciones.

Bendecidas.

Capítulo 5

El arte de la superación

Lo más grande que Dios le ofrece al ser humano es la capacidad de elegir su propia actitud ante las circunstancias, o sea, la de elegir su propio camino. Ante la salvación es nuestra elección. El hombre, y también la mujer, están sometidos a grandes responsabilidades, entre ellas, las que la sociedad en que nacimos nos impone. Eso incluye las leyes, entre ellas, la de los impuestos. Además, otras que se nos añaden cuando nos integramos a alguna organización, escuela, iglesia o profesión. Pero la más importante es la que nosotros asumimos voluntariamente, como por ejemplo, la del matrimonio y los hijos.

Como mujeres altamente comprometidas tenemos que saber escoger nuestro destino, a base de metas y propósitos. Tenemos que cumplir con Dios, la sociedad, la familia y se nos escapa muchas veces cumplir con nosotras mismas. Para poder superarnos en la vida y que nuestros roles choquen lo menos posible debemos:

1. Saber lo que realmente deseamos en la vida.

Nuestro sistema de valores se ve afectado por la sociedad y lo que ella nos dicta; de ahí que muchas mujeres salen del hogar hacia una oficina, cuando bien adentro de su interior desean y pueden quedarse en sus casas con sus hijos, o viceversa; muchas se quedan en sus hogares cuando en realidad desean estar fuera de él.

Si es incorrecto de una generación pensar que la única satisfacción de la mujer estaba en la maternidad y el hogar, lo es también que la generación actual considere que la única felicidad de la mujer está detrás de un escritorio, mostrador o computadora.

Es vital que nos respondamos varias preguntas: ¿Qué es lo que más valoro? ¿Cuáles son mis verdaderas necesidades, y que puedo hacer para satisfacerlas?

La vida es algo más que responder a las ideas preconcebidas de una sociedad o comercio. Es el conjunto de valores e intereses que yo, racionalmente, elaboro.

Y si alguno de vosotros tiene falta de sabiduría,
pídala a Dios, el cual da a todos abundantemente y
sin reproche, y le será dada.

Santiago 1.5

2. Establecer metas para realizar mi deseo.

Las metas deben ser propias y analizadas con claridad. Deben ser objetivas, positivas y específicas. Con estos tres ingredientes estaremos mejor encaminadas. El gran dilema es establecer un balance razonable entre los logros personales y el bienestar de la familia. En algunos momentos tendremos que posponer por un tiempo metas, pero eso no debe hacernos infelices, por el contrario, debe llevarnos al tercer paso.

3. Dividir los planes y proyectos en partes realizables, con tiempo a corto y largo plazo.

Piense. De aquí a cinco años, ¿qué cambios habrá en su vida? Puede que su hijo termine la universidad, o que las niñas pequeñas entren a la escuela y así tenga más tiempo libre por el día. Quizás acaben de pagar alguna deuda y eso les deje dinero para sus planes. Determine en una lista las cosas que podrá hacer enseguida y las que tomarán más tiempo. De esta manera la vida y sus cambios no le tomarán por sorpresa. Jesucristo dijo en Lucas 14.28-30:

Porque ¿quién de vosotros, queriendo edificar
una torre, no se sienta primero y calcula los
gastos, a ver si tiene lo que necesita para acabarla?

No sea que después que haya puesto el cimiento, y
no pueda acabarla, todos los que lo vean
comiencen a hacer burla de él, diciendo: Este
hombre comenzó a edificar, y no pudo acabar.

El ser realista con uno mismo acerca de capacidades personales rinde beneficios a largo plazo. Muchas personas no entienden que para llegar a dominar el álgebra se comienza aprendiendo a sumar uno más uno. Otro consejo muy sencillo: Sube la escalera, pero comienza con el primer escalón y llegarás seguro al último.

Permitir que mis semejantes (sociedad, religión, amigos y familiares) afecten mis deseos y los hagan débiles y volubles, no me dejará realizarme y sentirme bien conmigo y de igual modo con los causantes de esta inseguridad. Muchas veces la intimidación, la culpa, la manipulación, son usadas como armas, aún por nuestros propios seres queridos para apartar nuestra vida de lo que en verdad deseamos. Es importante por esto hacer un análisis para descubrir si mi deseo es constante o si es sólo un capricho.

Sabiduría ante todo; adquiere sabiduría;
Y sobre todas tus posesiones adquiere inteligencia.

Proverbios 4.7

4. Confíe en Dios y ore.

Nuestro Creador no tiene límites. Él nos dice que si pedimos alguna cosa conforme a Su voluntad os será hecho.

> *Y esa es la confianza que tenemos en Él, que si pedimos alguna cosa conforme a su voluntad, Él nos oye.*

1 Juan 5.14

Si alguien está interesado en que alcancemos bendición es Él. Aprende a poner tus cargas sobre Él; y descansa *en sus promesas*.

La oración del justo puede mucho. Es muy cierto que tenemos que actuar y obrar, pero será más fácil tomar decisiones y alcanzar metas si suavizamos nuestro camino con oración y con la dirección de Dios que está expuesta en su Palabra (Josué 1.8) dice:

> *Nunca se apartará de tu boca este libro de la ley, sino que de día y de noche meditarás en él, para que guardes y hagas conforme a todo lo que en él está escrito; porque entonces harás prosperar tu camino, y todo te saldrá bien.*

5. Sea tenaz.

Todas las cosas valiosas requieren compromiso y firmeza para poder lograrlas.

Dígase usted misma:

«Creo que tengo el derecho de crecer y llegar más allá de mis circunstancias actuales».

Pablo dijo en Hebreos 12.1-3:

> *Por tanto, nosotros también teniendo en derredor nuestro tan grande nube de testigos, despojémonos de todo peso y del pecado que nos asedia, y corramos con paciencia la carrera que*

*tenemos por delante, puestos los ojos en Jesús, el
autor y consumador de la fe, el cual por el gozo
puesto delante de Él sufrió la cruz,
menospreciando el oprobio, y se sentó a la diestra
del trono de Dios. Considerad a aquel que sufrió
tal contradicción de pecadores contra sí mismo,
para que vuestro ánimo no se canse hasta
desmayar.*

Medita bien en las palabras «para que vuestro ánimo no se canse hasta desmayar», ¡qué maravillosa
revelación! El escritor sabía que uno de los enemigos
más poderosos del ser humano es el desánimo. El
diccionario lo define como «quitar el ánimo», que a su
vez significa «alma o espíritu», que es principio de la
actividad humana, valor, esfuerzo, energía.

En Apocalipsis 21.7: «El que venciere heredará
todas las cosas[...]»

Es cierto que no podemos controlar el mundo,
pero podemos determinar cómo responder a él. El
desánimo anda por la vida buscando a quien controlar, pero tú puedes vencerlo si te lo propones.
Una buena fórmula para vencer los problemas y
tropiezos que tratan de desviarnos para que no
alcancemos nuestros planes es utilizar la imagina-
ción proyectando en ella nuestra meta final y dicién-
donos: «Esto también pasará». Háblale al problema,
cualquiera que sea, y como dice la Escritura, las
situaciones negativas que se nos presenten, como
todas las cosas de la vida, son pasajeras. No permi-

tas que el desánimo y depresión te roben las ideas que tienes y la fuerza para alcanzarlas.

6. Atrévete a cambiar.

Desde el comienzo de este capítulo estoy tratando de mostrarte que para superarte no tienes que pedirle permiso a nadie y como mujer tienes derechos inalienables que sólo tú puedes desarrollar, establecer o rechazar. La sociedad, y en ella por supuesto incluimos a nuestros padres, nos educó con un terrible miedo al cambio. Hasta el cansancio dijeron que somos frágiles física y mentalmente. Por esta razón nos comportamos como tales. A las niñas se les enseñó a ser dependientes de sus hermanos varones y se nos dijo por muchos siglos: «El hombre es de la calle y la mujer de la casa». Se nos dijo cuáles eran las profesiones indicadas para la mujer. A los hermanos se les enviaba a estudiar lejos del hogar pero a las niñas no. Los padres nos protegieron hasta al final y luego (¡albricias!) el sustituto de la figura paterna lo fue, ¿no saben quién?, nada más y nada menos que «nuestro marido».

Pero tengo buenas noticias: Aventajamos a los hombres en muchas cosas. Algunos ejemplos:

1. Mejor oído y olfato.

2. Vemos mejor en la oscuridad.

3. Sabemos juzgar mejor el carácter de los demás.

4. Nos acordamos mejor de los rostros.

5. No somos más fuertes físicamente pero si más resistentes. Recuerde: No es cuestión de fuerza sino de maña.

Se te subió el ego. ¡Muy bien! Ese es el propósito de este libro. Como punto final te hablé del cambio. Es necesario que seamos flexibles en nuestro paso por la vida y hacer como el pájaro que aprovecha el viento para deslizarse suavemente hacia su meta o destino final. Tenemos que vencer el pánico y descubrir que la naturaleza, nuestros cuerpos y todo lo que nos rodea nunca se quedan inmutables. Por eso es que sin dejar de ser tenaces debemos fluir a través de los cambios y sorpresas que se asoman a nuestras vidas.

Si en tu caminar hacia la superación tienes que hacer cambios, enfréntate a ellos con valentía. Muchas veces vendrán sin que tú les llames, en otras ocasiones tendrás tú mismo que forjarlos. Una persona segura de sí misma reorganiza sus metas si es necesario, modifica sus prioridades, cuando es indispensable y se enfrenta a la variación. Donde es más difícil es cuando surgen alteraciones negativas, pero es en ese instante en el cual es un arte superarse.

ALGUNOS CONSEJOS FINALES

1. Junto a su esposo fije una meta con sus objetivos para que sea un derrotero en común. Acuérdese: Estar enamorados no es mirarse a los ojos, es mirar en la misma dirección.

2. Aprenda a escuchar con atención, sin interrumpir y reservándose para usted las confidencias de su esposo. «Hablar menos le va a ayudar».

3. Ayude a su esposo a lograr lo que él desea. Haláguelo y quiéralo.

4. Esté dispuesta a adaptarse a los cambios. No se aferre a hacer las cosas del mismo modo y en el mismo lugar.

5. Cultive el buen humor. No haga de un grano de arena una montaña.

6. Planifique bien su tiempo. Quítese todas las cosas que están de más y que no son productivas.

7. Conviértase en una buena administradora del dinero.

GUÍA PARA EVITAR COMPRAR
POR IMPULSO

Antes de comprar hágase estas preguntas:

1. ¿Realmente lo necesito?

2. ¿El precio es razonable?

3. ¿Es el mejor momento o época para comprarlo?

4. Si está en especial, ¿el modelo está a la moda?

5. Si está en venta ¿es realmente un precio rebajado?

6. ¿Habrá un sustituto para el artículo?

7. ¿Está libre de desventajas?

8. ¿Es fácil conseguir servicio para el artículo?

9. ¿He investigado bastante sobre el artículo?

10. ¿Conozco la reputación del distribuidor?

11. ¿El vendedor ha ofrecido suficiente información en cuanto al servicio o disponibilidad de piezas si fuere necesario?

Si tu respuesta a lo anterior es:

9-11	Sí	—	Compra
6-8	Sí	—	Piénsalo
0-5	Sí	—	No compres

Capítulo 6

El arte de ser libre

Sin libertad no hay amor,
sin derecho no hay deber,
¿cómo pues, se las entiende
para vivir la mujer?

Lola Rodríguez de Tío

Y conoceréis la verdad, y la verdad os hará libres.

Jesús de Nazaret

Me sorprende la historia. Para fines del siglo XVIII dos sucesos marcan el comienzo ideológico del feminismo. Uno, el postulado de la existencia de la inteligencia de la mujer (llamado Movimiento de

Ilustración) en Europa y la Revolución Francesa, donde Voltaire y otros abogaron por la igualdad política de la mujer. Más interesante aún es el detalle de que en el siglo XIX el individualismo religioso, o sea la creencia protestante en el derecho de todos los seres humanos proporcionó un empuje al desarrollo de los derechos de la mujer. Cabe señalar que desde la creación del hombre este principio de igualdad estaba diseñado por Dios y está implícito en toda la escritura bíblica.

No puedo pasar por alto que nuestras raíces taínas daban a la mujer un lugar elevado y que con la conquista de los españoles ésta fue relegada y marginada. Nuestro linaje taíno tuvo mujeres destacadas: Yuisa, Guayerbas, Catalina, que formaban parte de las más altas esferas políticas. También las mujeres indígenas manejaban armas y participaban en actos bélicos y en los rituales religiosos. El dominio español fue el que limitó las tareas de la mujer a coser, rezar, y a acatar la autoridad masculina. Para el siglo XX, Eugenio María de Ostos, Alejandro Tapia y Rivera luchan por el derecho femenino a la educación, y para el 1908 el legislador Nemesio R. Canales presentó el primer proyecto de ley a favor del voto de la mujer en la sociedad puertorriqueña. La licenciada Julia Carmen Marchand Paz, miembro de nuestra iglesia, me contó que cuando a ella el Secretario de Justicia la designó para actuar como fiscal especial, su jefe inmediato, el Lic. José C. Aponte no le dio trabajo para realizar por espacio de cerca de seis meses.

Enterado de esto, la División de Bienestar Público del Departamento de Salud, solicitó de don Pepín que le cediera los servicios de la Lic. Marchand para que ayudara en los planes de la participación de Puerto Rico en la «Sexta conferencia de Casablanca sobre la niñez y la juventud» y así fue hecho. Pero ocurrió que el Procurador General de Puerto Rico en aquel entonces, Lic. Fernández Badillo, estuvo también presente en la celebración de la conferencia de Casablanca y se enteró de lo que estaba pasando. Tanto él como el Lic. Cancio, a la sazón Secretario de Justicia, empezaron a hacerle encomiendas directas a la Lic. Marchand. Cuando don Pepín se percató de este hecho, delegó en ella la escritura de correspondencia importante, de ensayos, de búsqueda legal, y la organizacion de seminarios, conferencias y otras actividades de tipo legal.

Pero como la hermana Marchand se le hiciera indispensable comenzó a darle labor de mayor envergadura y los compañeros fiscales no sabían cuando se trataba del estilo de don Pepín o del de Julia Carmen. Por diecisiete años permaneció la hermana en la División de Asuntos Criminales y sólo se le ascendía dentro del cuadro de fiscales especiales. (Abogados del I al V grado.)

Luego el mismo don Pepín fue reclutando mujeres para este cargo, pero no fue hasta que el Lic. Alcides Oquendo Maldonado vino a la dirección de la División, que fue elevada a la posición de Fiscal Auxiliar del Tribunal Superior. Y todo por ser mujer.

¿Por qué a la mujer se le hace tan difícil ser libre y desarrollarse como un ser humano integral? Pienso que desconocemos en realidad lo que significa la libertad. Para llegar a alcanzarla tenemos que vencer por lo menos dos aspectos:

Primer aspecto:
Deseo de avasallar y controlar

Aunque parezca absurdo 90% de las personas que reclaman libertad intentan controlar a los seres que más cerca están de ellos. Inconscientemente le ponen límites a los demás en el aspecto intelectual, social, emocional y espiritual. Observe. Utilizan la queja, protesta o el «tú deberías», la desconfianza y manipulan de alguna forma, en ocasiones con enfermedades reales o sicosomáticas.

Muchos lo hacen a través de la intimidación verbal o física. La mujer en su lucha por liberarse no se percata de que para poder ser libre necesita dejar en libertad al ser amado. El plan de Dios para las relaciones humanas es el de la interdependencia, o sea es la relación donde ambas personas resultan beneficiadas, donde hay una participación positiva y se encuentre bienestar, felicidad y salud para ambos. Esto debe ser así con:

Dios y yo
Mi cónyuge y yo
Mi familia y yo
La sociedad y yo

Cualquier relación de las antes mencionadas donde no haya interdependencia no es saludable. El amor se expresa en un sentimiento autorrealizante cuando tiene la capacidad y disposición para permitir a los seres queridos ser lo que ellos elijan sin insistir que hagan lo que a una satisface o gusta.

Segundo aspecto:
La dependencia

Como ya sabemos, la sociedad nos enseñó, sobre todo a la mujer, este tipo de relación. Los sicólogos la llaman «co-dependencia» y proviene de la manera cómo la persona se ve en su vinculación con el mundo.

Se considera sin valor; necesita recibirlo del exterior e intenta que los demás la vean cómo ella quiere ser vista y no como es en realidad. Estos son los rasgos sobresalientes de una persona co-dependiente. Otro dato importante es que hará lo que sea por conservar una relación, no importa el *costo* que deba pagar.

La cultura latina equipa a la niña con dos premisas: la de ser un objeto deseable y la de vivir para el otro. La primera la condiciona a tener necesidad de aceptación excesiva y la segunda a sacrificarse por otro para dar sentido a su existencia. El balance adecuado de esto sólo lo he encontrado en la Biblia. Jesús dijo: «Ama a tu prójimo como a ti mismo». Jesús sabía lo que significaba tener una sana autoestima, y enseñó en su Palabra los principios básicos para una relación saludable con los demás.

> Así que, todas las cosas que queráis que los hombres hagan con vosotros, así también haced vosotros con ellos: porque esto es la ley y los profetas.
>
> Mateo 7.12

Basada en los principios bíblicos y en especial en la frase de Jesús: «El reino de los cielos está en vuestro interior», voy a mencionar algunos pasos para alcanzar la libertad. Tengo que comenzar diciéndote, que:

1. «Confía en Dios y en ti misma»

Dios confió en el hombre, y cuando digo hombre incluyo a la mujer.

> Y creó Dios al hombre a su imagen, a la imagen de Dios lo creó; varón y hembra los creó. Y los bendijo Dios, y les dijo: Fructifidad y multiplicaos; llenad la tierra y sojuzgadla, y señoread en los peces del mar, en las aves de los cielos, y en todas las bestias que se mueven sobre la tierra.
>
> Génesis 1.27,28

Nos muestra que tanto a ellos como a nosotros, el Creador nos encomendó la tierra para gobernarla. El concepto religioso ha errado presentando un Dios que quiere manipular al hombre, cuando la verdad bíblica es que el Todopoderoso, dio al hombre unos principios y le proveyó de un libre albedrío para que éste dirigiera su vida. Puedes confiar en que Dios quiere para ti lo mejor y sobre todo te hizo un agente moral libre. El plan de Él no es manipular, ni aplastar al ser humano si no que éste alcance su mayor desarrollo. Es por eso que depositó en cada criatura la fuerza interior para vivir felices. El problema del hombre es que se acostumbró a mirar al exterior para lograr su felicidad y te aseguro que todo lo que necesitas está «dentro de ti». Si desarrollas esa confianza en ti misma sabiendo que Dios la depositó y que tienes la capacidad de ser libre en tu interior evitarás confiar totalmente en otras personas para ser feliz. Muchas mujeres basan su felicidad en una unión matrimonial, o en una relación con los hijos, amigas o parientes; esto implica dependencia sicológica y obstaculizará tu libertad. El ser libre no significa rechazar responsabilidades respecto a los seres queridos, la sociedad y valorizar en forma realista las aptitudes y límites. La libertad es la habilidad o capacidad para decidir y accionar.

Teniendo en mente este principio subiremos al segundo escalón:

2. Accionar o reaccionar

Por causa de la vida tan complicada y apurada que caracteriza a la sociedad actual, la mujer se enreda en sus labores y responsabilidades día tras día. La rutina es parte de su levantarse y acostarse.

Tarde o temprano en su vida se hará una pregunta: ¿Qué hice en mi vida? Muchas son las mujeres que sentadas frente a mí en mi oficina dicen estar deprimidas y desorientadas, pues se sienten vacías y su vida no tiene sentido. La mayoría de ésas son:

Las que quedaron solas porque los hijos crecieron y se fueron. Para ellas sus hijos eran el centro de su vida.

Las que se divorciaron por una u otra razón y ahora no saben qué hacer para sobrevivir económica y emocionalmente, pues sus esposos se ocupaban de todo y descansaron en ellos aun en las cosas más simples como: llevar las cuentas o comprar los víveres diarios.

Las que después de muchos años de casadas descubren, sin saber cómo, que están deprimidas y aburridas, pero al estar enredadas en la rutina y haber permitido que su esposo les echara todas las responsabilidades del hogar y de los hijos, comprenden que necesitan tiempo para ellas, pero no encuentran salida.

Esta y otras cosas tienen algo en común. Todas esas mujeres escogieron reaccionar a la vida.

Con la palabra *reaccionar* me refiero al hecho de tener que actuar en cualquier área de la vida como consecuencia de otras acciones o condiciones exteriores que nos obliga prácticamente a obrar sin ninguna o muy poca posibilidad para actuar de otra manera.

Por ejemplo, la mujer que limita su radio de acción porque no sabe conducir un automóvil. Posiblemente sus padres no creyeron conveniente que aprendiera, luego al casarse su esposo tampoco entendió la necesidad de aprender a conducir. Por consiguiente cada oportunidad que se le presenta a esta mujer para expresar su libertad, personalidad e individualidad tiene que rechazarla, no porque no desee, sino porque no puede asistir o cumplir compromisos. En este caso cuando ella es invitada a compartir con la educación de sus hijos o cualquier otra actividad en la iglesia o su círculo amistoso le escuchamos decir «no quiero ir», o «no puedo en esta ocasión», o «no me interesa». En realidad solamente reacciona a una condición que desde muy temprano se le impuso, hasta no tener alternativas.

Por el contrario, si esta misma mujer tomara acción y determinación con el libre albedrío que Dios le dio y aprendiera a conducir, entonces sí podría elegir y seleccionar libremente aquellas actividades y compromisos a los cuales quisiera asistir. De esta manera su acción determinaría su reacción. Descubrimos entonces la importancia de accionar en todos los aspectos de nuestra vida y no permitir que la rutina, familia, esposo o amigos determinen nuestro tiempo, movimientos o radio de acción.

La mujer que acciona planifica su tiempo y decide qué hacer o no hacer con su vida. Establece sus propios valores, deseos, metas y es persistente y firma para lograrlo sin avasallar a los demás.

Si logramos los dos primeros pasos será fácil llegar al tercero:

Tercer aspecto: Promueve cambios y acepta los que surgen

Para cambiar se necesita valor. La persona libre es aquella que establece un plan o estrategia que incluye cambios a corto o a largo plazo. Es importante reconocer y analizar en forma clara y objetiva las cosas que quiere modificar y el por qué. Además se prepara para los cambios inevitables, pues la vida los traerá. Algunos vienen automáticamente con la edad, y es vital prepararse emocional y económicamente para ellos.

Muchas personas al leer este libro dirán: «Ya es tarde para cambiar». Pero eso no es cierto; hay un refrán que dice: «Nunca es tarde cuando la dicha es buena». Tu tiempo de cambiar es ¡ahora!

Todo lo mencionado es clave, pero para lograrlo necesitas sobre todo este paso.

Cuarto aspecto: No te dejes controlar por sentimentalismos

Primeramente tengo que aclarar lo que *no es* sentimentalismo.

1. No es que no sientas dolor, compasión por las personas que te rodean.

2. No es que no estés consciente de las necesidades de los demás.

Ahora bien, sentimentalismo es:

1. Permitir que las emociones que producen tristeza, frustración, angustia predominen sobre tu carácter.

2. Poner a los demás siempre primero, ocultando o rechazando tus propias necesidades y gustos.

Lamentablemente la mujer es experta en sentimentalismos y los esposos, hijos, padres, hermanos, amigos y hasta su perro lo saben. Por eso hay que ponerle fin a la manipulación que ejercen en tu vida tus familiares o amigos. En las relaciones familiares y sociales debe haber, como dije al principio de este capítulo, una «interdependencia» o una relación «valor por valor», ¿cuánto doy?, ¿cuánto recibo? Establece en forma justa un balance en todas las áreas, observa si la balanza siempre se inclina más para tu lado o para el de las otras personas. De esta manera tendrás claro si debes dar más o exigir más y podrás establecer «justicia».

La mujer libre:

• Se mueve hacia las cosas que le satisfacen y cuenta con Dios.

• Valora en forma realista sus actitudes.

• Acepta o provoca los cambios para desarrollarse.

• No usa nada ni a nadie como muleta, sino que es firme ante la vida.

- Es realista y firme en sus propósitos y no carece de autoestima.

- No es egoísta, sino generosa.

- Cuida sus labios y los usa con sabiduría.

RECUERDA

La libertad no se arranca a la sociedad, a los hombres, a los padres, a la religión, sino que se desarrolla dentro de nosotras mismas.

Salomón nos da una buena reseña de una mujer fuerte y virtuosa.

«Elogio a la mujer virtuosa»

Mujer virtuosa, ¿quién la hallará?
Porque su estima sobrepasa largamente
  a la de las piedras preciosas.
El corazón de su marido está en ella confiado,
  y no carecerá de ganancias.
Le da ella bien y no mal todos los días de su vida.
Busca lana y lino, y con voluntad
  trabaja con sus manos.
Es como nave de mercader; trae su pan de lejos.
Se levanta aun de noche y da comida a su familia
  y ración a sus criadas.
Considera la heredad, y la compra,
  y planta viña del fruto de sus manos.
Ciñe de fuerza sus lomos, y esfuerza sus brazos.

Ve que van bien sus negocios;
  su lámpara no se apaga de noche.
Aplica su mano al huso, y sus manos a la rueca.
Alarga su mano al pobre,
  y extiende sus manos al menesteroso.
No tiene temor de la nieve por su familia,
  porque toda su familia está vestida de ropas dobles.
Ella se hace tapices; de lino fino
  y púrpura es su vestido.
Su marido es conocido en las puertas,
  cuando se sienta con los ancianos de la tierra.
Hace telas, y vende, y da cintas al mercader.
Fuerza y honor son su vestidura;
  y se ríe de lo por venir.
Abre su boca con sabiduría,
  y la ley de clemencia está en su lengua.
Considera los caminos de su casa,
  y no come el pan de balde.
Se levantan sus hijos y la llaman bienaventurada;
  y su marido también la alaba:
Muchas mujeres hicieron el bien;
  mas tú sobrepasas a todas.
Engañosa es la gracia, y vana la hermosura;
  la mujer que teme a Jehová, ésa será alabada.
Dadle del fruto de sus manos,
  y alábenla en las puertas sus hechos.

MIENTRAS CAMINO POR LA VIDA

DEBO RECORDAR QUE:

Para ser agradable son esenciales una actitud amable y una graciosa presencia. Pero nunca seré agradable ante los demás si no cultivo también una hermosa disposición espiritual y una verdadera conducta cristiana en mi vida diaria.

NUNCA SERÉ AGRADABLE:

No importa cuán suave pise, si atropello a los demás.

NUNCA SERÉ AGRADABLE:

No importa cuán regio sea mi porte si mantengo mi cabeza alta con arrogancia y desdén.

NUNCA SERÉ AGRADABLE:

No importa con cuánto cuidado ponga mis pies uno después del otro en línea recta, si no puedo andar en línea recta con los demás, si mi trato es torcido, engañoso, desleal y falso.

NUNCA SERÉ AGRADABLE:

No importa con cuánta gracia camine, si me conduzco torpemente con mi esposo e hijos echándoles desconsideradamente a un lado para satisfacer mis deseos egoístas.

SERÉ AGRADABLE:

Si desarrollo mis propios talentos.
Si me siento grande, porque soy hija de Dios.
Si vivo con entusiasmo.

Si soy honesta conmigo misma y con los demás.

Si no permito que mis posesiones me posean.

Si respeto a las demás personas y no desprecio a nadie.

Si no me aferro al pasado, pues al fin está pisado.

Si asumo mi porción entera de responsabilidades con el mundo.

Si oro consistente y confiadamente en el Señor.

SOY UNA MUJER CREADA ESPECIALMENTE

Capítulo 7

Unas recomendaciones finales

EL ARTE DE VENCER EL MAL GENIO

Cascarrabias los hay por todos los sitios, en las escuelas, iglesias, en los trabajos y hasta en la esquina de una calle. Este malestar que agobia a toda la humanidad es más que todo una actitud mental. Podemos ver que algunos logran vencerlo, pero otros van deteriorándose cada día más. Todo se basa en la decisión personal de cambiar de actitud. Primeramente pregúntese: ¿Por qué estoy de mal humor?

Aunque usted no lo crea, esta simple pregunta, si usted la responde con honestidad, disipa muchas veces este mal. Domine sus palabras y no deje salir ninguna sin antes analizarla; ésta es la segunda alternativa. Haga lo que desearía si estuviera de buen humor. Salga de paseo, lea un libro, cante, o piense en algo positivo que tenía planeado hacer.

RECUERDE:

El necio da rienda suelta a toda su ira,
mas el sabio al fin la sosiega.

Proverbios 29.11

EL ARTE DE AGRADAR A OTROS

Sabe usted que las relaciones humanas es la tarea más ardua para los humanos. Paradójico, ¿verdad?

Pero se ha comprobado que el éxito de una persona en su profesión o de una empresa se debe mayormente a las buenas relaciones que pueda establecer con sus clientes. Uno de los aspectos más relevantes es la forma de comunicarnos con los demás. Se ha dicho muchas veces: «No es lo que digas, sino, cómo lo digas». Es importante entonces hablar con claridad y concisión y para ello tenemos que razonar cada frase con claridad.

Salomón dijo:

El que ahorra sus palabras tiene sabiduría;
de espíritu prudente es el hombre entendido.

Proverbios 17.27

Nuestra forma de expresarnos nos abrirá muchas puertas, especialmente, en relaciones de amor, amistad o simplemente sociales. Cada individuo merece ser tratado con dignidad; aun los niños deben tener nuestro respeto. Usar frases vulgares, hirientes, en tono de burla o sarcasmo, sólo logrará crear una imagen negativa en la mente de los demás. Como mujeres sabias debemos hablar también con oportunidad y gracia. Saber escoger el momento adecuado para expresarnos, aun cuando tengamos un reclamo hacia alguna persona. No es cosa fácil, pero es una habilidad que podemos desarrollar. Unos dichos suaves nos darán victoria y lograrán que seamos atractivas y nuestra compañía será grata a los demás.

EL ARTE DE ACEPTAR A LOS DEMÁS

Regularmente creemos que la amistad, el amor y el compañerismo son una licencia para cambiar a otros. Tenga esto bien claro: aunque la persona sea dócil y de personalidad apacible, en forma inconsciente, resistirá cambiar. Muchas personas aceptan con su mente conciente las exigencias de las otras personas sobre ellas, pero a la larga sólo habrá en esa relación resentimiento y amargura, y su mente subconsciente pondrá resistencia.

Créalo, todas de una manera u otra queremos cambiar a alguien. Estoy segura de que para lograr una relación saludable debemos ser condescendientes los unos con los otros. Habrá cosas que tendrán que ser negociadas, tomando en cuenta que no somos perfectos. Pero la mejor manera de lograr ajustes de personalidad es ser razonable y no imponer nuestro criterio.

Cada vez que me molesta la actitud o carácter de otra persona, me pregunto: ¿Qué derecho tengo para cambiarla? Pienso y respeto la individualidad de cada uno; además trato de conocer las bases de educación infantil que tuvo o los problemas que hay detrás de esa conducta. Si aprendemos a respetar la individualidad de cada uno, será más fácil y llevadera la vida. Sé que hay circunstancias que son intolerables; en este caso expongo mis puntos claramente a la persona y si es necesario guardo distancia. Muchos conflictos sobre relaciones humanas se resuelven dialogando en forma clara con la otra parte. Lo más recomendable es hacerlo en el momento cuando ya estemos sosegados. Por eso la famosa frase: «Cuenta hasta diez».

REGLAS PARA UN MATRIMONIO FELIZ

1. Se necesitan dos para un argumento.

2. Por lo general, el más que discute o habla es el culpable del argumento.

3. No estén los dos con coraje a la vez. Siempre uno de los dos debe ceder.

4. No gritarse uno al otro. Dios es amor.

5. Nunca te acuestes enojada. (Efesios 4.26: «Airaos, pero no pequéis; no se ponga el sol sobre vuestro enojo».)

6. Seas o no culpable, siempre deben estar dispuestos a pedir perdón uno al otro.

7. Si tienes que corregir a tu cónyuge, hazlo en amor y no en forma de crítica. (Recuerda que con amor todo se puede alcanzar.)

8. Nunca saques a relucir errores pasados. Esto no edifica. Si Dios perdona y olvida, ¿por qué no lo puedes hacer tú?

9. Cada vez que puedas (varias veces al día) dile a tu cónyuge algo amoroso.

10. Recuerda que el contacto físico es esencial en una buena relación. (Ejemplo: Al hablarle a tu cónyuge, pásale la mano por la espalda, el brazo, la cara.) Este toquecito demuestra mucho.

11. Siempre que se encuentren después de una separación, aunque sea de un día, demuéstrale mucho amor y cariño. ¿Se besan?

12. Por lo menos una vez en la semana deben salir solos a un sitio donde puedan compartir y hablar. (Ejemplo: parque, restaurante, playa.) Manténganse enamorados.

13. A menudo se deben dar sorpresitas. (Ejemplo: notitas, tarjetas con un mensaje amoroso, un regalito, etc. No tiene que ser nada caro, puede ser una flor o hasta un dulce. Lo que vale es el gesto.)

14. Deposita mucho en tu matrimonio y así tienes mucho para «retirar». Piensa en una cuenta de banco. Lo que tú depositas, eso tienes para retirar, pero con intereses. Espera los «intereses» en tu matrimonio. Tú haces el depósito en amor.

15. Todos los días deben de sentarse solos media hora o más y compartir el uno con el otro sus ideas, sus gustos, lo que se espera, y proseguir hacia esa meta. El diálogo es muy importante y vital.

16. Hay que tener mucho gozo y risas entre los dos. Hay que jugar y reír. No todo puede ser trabajo.

17. Tiene que haber cooperación mutua en los quehaceres del hogar. Especialmente si ambos trabajan fuera.

18. Siempre deben mantenerse de acuerdo en todos sus asuntos.

19. Dios tiene que ser el *CENTRO* de todo hogar para que pueda reinar la *PAZ* y el *AMOR* continuamente.

Cómo proteger su matrimonio, ¡aun antes de que empiecen los PROBLEMAS!

Lo que en realidad cuenta en un matrimonio, por muy feliz que sea en este momento, es que los cónyuges estén totalmente consciente de que siempre puede terminar en una triste separación. Para evitar ese final, hay que usar la siguiente estrategia antidivorcio:

- Resuelva las luchas de poder. Recuerde que usted y su cónyuge son compañeros, no competidores. Combinen sus fuerzas para mejorar la relación. Después de todo, el único perdedor cuando se instaura esa lucha de poder es el matrimonio.

- Haga algo cada día para que su cónyuge se sienta feliz. Y no es necesario un regalo costoso... Bastan detalles tan pequeños como un apretón de manos, unas palabras de aliento cuando se siente de mal humor, un beso en el momento más inesperado...

- No aguante su descontento... ¡pero no lo grite a todos los vientos! Siéntese con su cónyuge y confiese por qué se siente de esa manera. Juntos, un diálogo sincero, llegarán pronto a la solución.

Hablen todos los días acerca de sus problemas, de sus esperanzas, de sus sueños, de sus ilusiones... Se trata de temas que les atañen directamente a ambos y, por lo tanto, representan puntos muy importantes de unión.

• Acepte las diferencias que, sin lugar a dudas, existirán entre usted y su cónyuge. Después de todo, no hay dos seres humanos que sean exactamente iguales. Y por lógica el matrimonio no es la única excepción a esta regla.

• Sepa cuándo es el preciso momento de ceder. Qué es más importante, ¿salirse con la suya o poner seriamente en peligro la felicidad de su matrimonio?

• No repita los errores de sus padres. Muchos esposos se comportan de una manera negativa en sus relaciones, simplemente porque asimismo actuaban sus progenitores.